Tabla de Contenido

Como ahorrar dinero

14 estrategias sencillas e infalibles para ahorrar dinero y tener libertad financiera

Horacio Pelozo

Indice

Desde ya, muchas gracias por haber comprado el libro, espero desde lo más profundo de mi sinceridad, que puedas encontrar lo que buscas y aportar mi granito de arena.

Soy un escritor independiente, por lo que si te gusta el libro, te pido que me dejés un comentario, eso me va a ayudar muchísimo para seguir creciendo, seguir mejorando, porque de eso se trata.

Introducción

Entendiendo que el ahorro está presente en diversos ámbitos, y es un elemente esencial en el proceso de acumular capital y luego proyectar un crecimiento del mismo para mejorar las finanzas personales, tener un control financiero de los ingresos, gastos y proyectarse hacia el futuro con una vida organizada, es que me motivó e inspiró para escribir éste libro.

Acá verás la importancia del ahorro, aprenderás como ahorrar de manera sencilla desde cero, sin tener conocimientos, vas a conocer diferentes estrategias para poder aplicarlo a diario y que se convierta en un hábito que dure toda la vida, para que nunca te falte dinero y puedas comenzar a invertir ya sea en ti, en conocimientos, comprando libros, cursos, como así también invertir para generar dinero, viajar y logar tus objetivos.

Considero que mereces una vida de abundancia, prosperidad, porque hay grandeza en ti, en tu flia y mereces vivir una vida extraordinaria y no una vida de escases, una vida limitada y atormetada por las deudas. ¡Vive la vida de tus sueños!

.

Capítulo 1:
Acerca del dinero.

1. Cómo obtener la actitud correcta con respecto al dinero.

La mayoría de las personas, incluso muchos cristianos que a veces tal vez por conveniencia o no, tienen la creencia que tener dinero es malo, que si tenéis dinero no irás al reino de los cielos, citando, San Lucas 18:25 "Porque es más fácil pasar un camello por el ojo de la aguja, que entrar al reino de Dios" o la célebre frase de "es mejor ser pobrecito pero honrado", justificando así a la pobreza, cuando desde mi perspectiva, los que más ayudan, ya sea desde la caridad, creación de organizaciones sin fines de lucro, son los ricos y no los pobres.

Una cosa es ser rico y otra es la codicia, ese afán de cometer los actos más deshonestos para poder tener riquezas, a obtener riquezas por brindar un servicio, un bien, por servir a una comunidad.

Otros, en cambio, le dan a esto tanta importancia que llegan al nivel de medir la benevolencia de Dios según sus posesiones materiales.

Es por ello que ignoran la importancia de la planificación financiera. Muchas personas creen que no tienen la necesidad de organizar sus recursos, piensan que es irrelevante hacerse un plan de gastos que los ayude a controlar sus ingresos y egresos económicos, que trae grandes consecuencias económicas, quiebras, pérdidas de parejas, enfermedades producto del estrés, etc.

La biblia es uno de los libros más valiosos por ser portador de tanta sabiduría, es por ello que debemos desarrollar una actitud bíblica respecto a las finanzas. En él, existen más de dos mil referencias que se relacionan con éste tema: Jesús usó casi 50 parábolas para tratar este tema.

El dinero afecta a la calidad de vida de nuestra familia y la de los que amamos. Sin embargo, necesitamos reconocer que nuestros recursos financieros son solo herramientas que Dios pone a nuestras manos para que las administremos, y lo que hagamos con ellos, ya depende de nuestras decisiones, convicciones, valores; al igual que un libro es bueno si lo usamos para aprender, pero es malo si utilizamos para dar golpes a cuantas personas no las cruzamos.

Muchas personas no planean su vida financiera, como consecuencia de ello, la prosperidad y el éxito los evaden y viven perturbados, preocupados y ansiosos por el dinero. No duerme bien debido a la tensión que les generan sus deudas y compromisos financieros.

Entonces, ¿qué actitud debemos tener en cuanto al dinero y su manejo?

Algunos creen que deberíamos dejar nuestra vida financiera exclusivamente en manos de la suerte, de Dios, del Universo, o de lo que cada quien cree y tenga fé, rehusándose a hacer un plan financiero. Muchos "espiritualizan" éste asunto para justificar su falta de disciplina. Declaran que si Dios quiere que tenga éxito y dinero, me lo dará algún día y tendré libertad financiera de un día para otro.

Pero si hay algo que tengo claro es, ¡que el dinero no caerá del cielo! Y es por ello que debemos planear y trabajar para proporcionarle lo suficiente a nuestra familia para cubrir necesidades y hacer donaciones a quienes de verdad lo necesitan.

En lo económico, debemos tener una actitud diferente respecto al dinero y vivir una vida en los valores eternos. En Mateo 16, versículo 26, Jesús dice "¿qué aprovechará al hombre, si ganare todo el mundo y perdiere su alma? ¿O qué recompensa dará el hombre por su alma?"

En la parábola del hombre rico Epulón y el mendigo Lázaro, nos enseña que los que acumulan riquezas lo perderán todo. Esta idea contrasta con la era materialista en que vivimos, esa que hace que las personas midan sus valores y los de los demás según su habilidad para ganar dinero, adquirir bienes y tener inversiones.

En san Lucas 12, versículo 15: Y les dijo: mirad y guardaos de toda avaricia, porque la vida del hombre no consiste en la abundancia de los bienes que posee.

Necesitamos evaluar nuestras actitudes financiera, nuestras inversiones y nuestras posiciones de acuerdo a valores y principios morales y sobre todo: ¡tengamos una actitud correcta hacia el dinero!

2. Psicología del dinero.

El éxito financiero tiene poco que ver con lo inteligente que seas o con tu profesión y si alguna vez te has preguntado ¿cómo es que una persona con muchos logros académicos acaba teniendo menos riqueza que otras que ni siquiera tienen estudios? El comportamiento humano es una variable determinante en el desempeño financiero, desde algo tan grande, como la economía de un país, hasta lo más pequeño, como tus finanzas personales, pero al mismo tiempo, éste es el aspecto más difícil de analizar y comprender.

La idea que tenemos sobre cómo funciona el mundo y el dinero tiene poco que ver con lo que realmente sucede en el mundo, mucho tiene que ver con lo que uno cree al respecto y lo que piensa sobre la forma en que funciona el mundo, está muy influenciado por tu experiencia personal y tus experiencias personales, dependen de tu contexto inmediato. Por ejemplo, es muy probable que una persona que vive en un país con una crisis inflacionaria, tenga experiencias negativas con el ahorro y por lo tanto tenga la necesidad de gastar todo lo que gana, en el menor tiempo posible. Sin embargo, alguien que vive en un país con una

moneda estable, piensa de manera diferente y tiene una perspectiva más optimista al respecto, es así como dos personas igualmente inteligentes, pueden diferir sobre cómo ahorrar e invertir dinero para multiplicar la riqueza.

Un profesional promedio en Australia, antes de la crisis pandémica no podía entender realmente a las personas de otras latitudes que han experimentado muchas crisis económicas en sus vidas, como por ejemplo, Argentina, que sistemáticamente tienen crisis financieras cada 8 o 10 años en las últimas décadas. Pueden conocer los números y analizar los datos estadísticos, pero nunca tendrá la experiencia personal, por lo que cada decisión que las personas toman con su dinero está justificada por la información que tienen en ese momento y está conectada a su modelo mental único, de cómo funciona el mundo. También hay información mental que se transmiten de generación en generación, sobre creencias sobre el dinero y que uno vuelve a repetirlo a lo largo de la vida. Si una personas tienen padres quebrados, que nunca tuvieron dinero, o que siempre dijeron que el dinero es malo, que corrompe, entonces es muy probable que uno tampoco tenga dinero y siga esos viejos patrones.

Parece que todos hacemos locuras con nuestros dinero, pero nadie está loco, nuestras decisiones monetarias se basan en experiencias únicas.

Es por ello que invito a reflexionar sobre nuestras verdaderas creencias y patrones sobre el dinero, para poder trabajar y cortar con esos patrones que nos tienen en una situación poco agradable o re confortable.

1. Por qué la vida de tus sueños está simplemente a la vuelta de la esquina y cómo lo logras.

Debemos recordarnos qué es lo que realmente buscamos y queremos, para aceptar hacia donde debemos ir. En ese sentido, saber sacrificar ciertos aspectos es una variable clave para la consecución de esa meta mayor. Los miedos siempre surgirán en esta etapa, y debemos enfrentarnos a ellos. Es la única manera de vencer.

Es muy importante parar y analizar-reflexionar sobre el lugar donde nos encontramos, la vida que tenemos, la rutina, el caos que vivimos a diario, las largas filas de autos que debemos soportar todos los días, soportar al jefe y compañeros, las injusticas e incoherencias y pensar si es esa la vida que quiero vivir o repetir a lo largo de los años hasta llegar a la tan ansiada jubilación, que tal vez nunca llegue ya que las cajas de previsión están quebradas o a punto, por tantos políticos corruptos que solo viven para su beneficio, las de sus familias y lograr impunidad o de verdad quiero vivir la vida como quiero y debo o vivir la vida de otros.

Es por ello que quiero que busquen en su interior un porqué muy grande, que los movilice a superar todos los miedos, escusas, eliminar el miedo al qué dirán si lo intento, mi dirán que soy un raro de la familia o me harán a un lado.

Que todo ese quede atrás, y si tengo una pareja o familia que no me apoya o permite creer, creo que debes elegir cambiar de aire, de contexto, de amigos porque no vinimos a vivir la vida de otros, sino a vivir nuestra vida, una vida de sueños, de metas, tener tiempo para vivir la vida que alguna vez soñamos cuando éramos niños y que con el paso de los días, la rutina, el miedo, las deudas, se fueron muriendo, por seguir el sistema, de trabaja duro para cumplir el sueño de otros.

Porque eres grandeza, te mereces lo mejor. Eres como una pepita de oro, eres valioso, pero debes encontrarte para darte el verdadero valor que tienes, viniste a éste mundo a triunfar y no ver el paso de los triunfadores.

Es por eso que tu vida de sueños está a la vuelta de la esquina, estás solo a un pensamiento de cambiar tu vida y te aliento a que lo hagas, diseñes un plan y vayas atrás de ese objetivo porque algo grande te espera, pero debes arremangarle, tomar al toro por las astas y ponerte en acción.

Más adelante encontrarás una guía sencilla del paso a paso para lograr ahorrar y llegar a la tan soñada libertad financiera.

4. ¿Intentas ahorrar y no puedes por qué siempre sale algún gasto imprevisto? ¿El dinero se te va y vuela todo tu sueldo rápidamente?

En ésta sección voy a ayudarte a resolver, encontrar la respuesta a esta pregunta.

Si ahorras y ahorras con tanto ahínco y gastas tan pronto tus ahorros, como me ha pasado, donde ahorraba mucho, juntaba mi buena cantidad de dinero, pero al cabo de un par de meses o al año, esos ahorros se me iban como arena entre las manos, los gastaba siempre, aparecía alguna vicisitud, algún problema, algún problema con el auto, electrodoméstico, algo urgente que atender y los ahorros que tenía los terminaba gastando y no podía invertirlos, no podía disfrutarlos.

Ya con más experiencia, leyendo libros de auto ayudas, siguiendo a grandes líderes de auto ayuda y superación personal, entre otros, llegué a la conclusión de que uno puede actuar en la vida motivado o movido por el miedo o motivado o movido por el amor, así como lees, uno puede actuar en la vida motivado por el miedo o por el amor.

El problema que yo tenía era que cuando ahorra, recibía un dinero y lo guardaba, la actitud mental que tenía era de miedo, de temor, de incertidumbre, de ansiedad. En mi mente tenía la idea de, voy ahorrar porque tal vez el día de mañana voy a tener alguna vicisitud laboral, porque tal vez se me rompa el auto, o algún imprevisto y voy a necesitar ese dinero para afrontar esas consecuencias, es decir que mi patrón mental, lo que estaba transmitiendo a mí mismo, a mi subconsciente, era que en definitiva iba a necesitar ese dinero para afrontar una emergencia.

Desde que entendí eso, con esfuerzo, fui cambiando mi patrón mental y comencé a ahorrar para algo bueno, para algo que me guste, para algo que me motive, como por ejemplo, voy a ahorrar porque quiero cambiar de auto, voy a ahorrar porque quiero ir de vacaciones a un cierto lugar, voy a ahorrar porque quiero ir a un restaurante caro, voy a ahorrar porque quiero viajar en avión a un lugar paradisiaco, voy a ahorrar para invertir, etc.

En fin, entonces cambié mi modelo mental, comencé a ahorrar motivado por el amor, por el amor de compartir aquello que estoy ganando a través de ricas experiencias y vivir nuevas aventuras, compartirlo con la persona más importante del mundo, que eres TÚ, si TÚ.

Desde ese cambio mental, del ahorro por miedo, al ahorro por amor, me fue mucho mejor y es por eso que traigo ésta experiencia, para que no sigas con el mismo patrón mental y seguir en esa carrera de ahorro gasto, ahorro gasto. Entonces querido lector, cambia el patrón de "ahorro por miedo", al "ahorro por amor".

Un alto porcentaje, tal vez 90% de las personas ahorran motivados por el miedo, el temor, la ansiedad, por una inseguridad hacia lo que va a ocurrir en el futuro y ahí está el verdadero problema.

Cambia ese patrón y te aseguro que tus resultados económicos van a ir mucho mejor, entiendo que cuesta, pero si no lo puedes implementar rápido, intenta hacer cambios pequeños, pero duraderos y si te das cuenta cuál es tu modelo mental y guiar tus patrones de ahorro en tu vida, va a mejorar y por último, dejo un agregado extra, sería la cereza para el postre.

Fíjate que actuar motivado por el miedo o motivado por el amor no solamente lo puedes aplicar en materia de ahorros, sino que lo puedes aplicar en todas las actividades que tú emprendas en tu vida, puedes buscar un empleo motivado por el miedo o motivado por el amor, puedes buscar una pareja motivado por el miedo a estar solo o motivado por el amor que sientes hacia una persona.

Trata de ser un poquito más consciente, analiza lo que estás haciendo en tu vida, para detectar ese patrón mental y date cuenta que muchas veces los problemas vienen porque has actuado motivado por el miedo, por la inseguridad, la ansiedad e incertidumbre y no motivado por el amor.

5. ¿Sientes que no sabes a dónde se va tu dinero?

Esto pasa muy seguido a cientos de miles de personas, puede ocurrir por varios motivos. Es necesario tener educación financiera, tener un control de gastos, no gastar más de lo que ingresa, es por eso que es muy necesario tener un registro para poder conocer los tipos de gastos, de egresos, hay que establecer metas, estableciendo que es importante y lo que no es importante y como nos vamos a organizar, tener en cuenta las necesidades de la familia, ser realistas para diseñar un presupuesto para poder llevarlo a cabo.

También es muy importante identificar los gastos hormigas, éstos son gastos pequeños y continuos, pero que a la larga forma un porcentaje interesante de nuestro presupuesto. Estos gastos incluyen: compras de café, galletitas, cigarrillos, gaseosa, comidas rápidas, cuando damos una propina, etc y son gastos normalmente que se hacen en efectivos y son gastos prescindibles.

Registrar otros tipos de gastos importantes, como son los gastos fijos, que incluyen: vivienda, educación, seguros, impuestos, préstamos, tarjetas de créditos, entre otros. Otros gastos que pueden ser variables, como son, el agua, la electricidad, supermercados, transportes, entre otros.

Es muy importante escribir las metas, para poder visualizarlas, eso nos obliga a comprometernos para cumplirlas. Un consejo, es que estén pegadas en algún lugar donde podamos verlas a diario, puede ser en la puerta del placar, en un pizarrón, espejo, etc.

Es clave diseñar un buen presupuesto, para poder controlar nuestros gastos, y lograr lo anteriormente mencionado, las metas. El presupuesto no significa limitaciones, sino libertad financiera, libertad de tiempo.

En el presupuesto debes tener en cuenta un porcentaje para ahorros, limitar un porcentaje para gastos fijos, para gastos variables y para gastos discrecionales y construir un ahorro de emergencia, que debe cubrir 3 meses de gastos fijos y variables.

6. No sabes que hacer después de hacer el presupuesto.

El paso a seguir es poner en acción, creando una planilla para dar seguimiento efectivo a nuestro presupuesto y actualizar constantemente, por semana, quincena o mensualmente. La planilla debe estar alineada a nuestra fecha de cobro, es por eso que debes tomar en consideración cuando recibes tus ingresos (semanal, quincenal, mensual o por proyecto).

Identifica el tipo de gastos en la planilla: gastos fijos, gastos variables y gastos discrecionales y el ahorro, esto es muy importante.

Y por último, prepararnos para las fechas importantes: identificar las fechas importantes es esencial para conseguir un correcto control de nuestros gastos, porque impactan directamente en nuestro presupuesto.

Algunas fechas importantes que debemos de tomar en consideración son los cumpleaños, regalos de navidad, graduaciones, días festivos, renovaciones de seguros, entre otros.

Generar un hábito de llevar un presupuesto y dar seguimiento.

Capítulo 2:

14 estrategias sencillas e infalibles para ahorrar dinero y tener libertad financiera:

1. Págate tu primero.

A todos nos ha pasado que nos ponemos felices cuando recibimos nuestros ingresos- bien sea en forma de salario o renta- pero nos entristece cuando a final de mes todo parece haberse evaporado en gastos, y no conservamos nada para el ahorro. Al manejar el dinero de esta forma, le estamos dando prioridad a nuestros gastos, descuidando el ahorro que nos va a permitir lograr nuestras metas y sueños. Para que esto no te ocurra y puedas dar prioridad a tu ahorro, la solución es simple: ¡Págate a ti primero!

Es muy fácil si tienen en cuenta lo siguiente:

✓ Fija el monto de tu ahorro:

Decide qué porción de tus ingresos (semanales-quincenales o mensuales) destinarás para ahorro. Se recomienda ahorrar el 10% del total de los ingresos, pero puedes empezar con un porcentaje menor si te hace sentir cómodo e ir incrementándolo con el paso del tiempo. Es importante que sea una cifra realista, que te ayude a cumplir tus metas, pero que no te ahorque financieramente.

✓ Separa u guarda el dinero del ahorro:

Es una buena práctica que una vez recibas tus ingresos, apartes inmediatamente el dinero de tu ahorro, así evitas la tentación de gastarlo y es más fácil llevar el control. Te recomiendo ponerlo en una cuenta de ahorro o en otro producto financiero que esté especialmente diseñado para que tu dinero obtenga un rendimiento.

¡Págate a ti primero! Y ya sabes, no es necesario una cantidad grande de dinero para comenzar a ahorrar, solo se necesita la motivación suficiente para empezar, incluso con cantidades pequeñas. ¡Todo es cuestión de dar el primer paso, ser constantes y disciplinados! ¡Cuánto antes, mejor!

Aquí te traigo lo que A. Einstein lo nombró, la fuerza más poderosa del universo, si, la fuerza más poderosa del mundo y es el **"Interés compuesto"**

Dependiendo del país en el que te encuentres y de la moneda de tu país, supongamos que puedes ahorrar 100 Euros por mes, con un interés anual del 8%, que vas renovando mensualmente, repites el proceso durante 20 años, gracias a la disciplina y constancia, habrás ahorrado 24.100 €, y generado 34.294,72 €, es decir un 146,45% de intereses.

A continuación adjunto las tablas y gráficos para que puedas visualizar mejor, y al final del gráfico, adjunto también el link de una calculadora de interés compuesto, para que puedas ir realzando cálculos, dependiendo de tu moneda, de los interés que consigas o los años que quieras.

Capital inicial: 100 €

☑ Aportación mensual 100 €

Tasa de interés anual: 8 %

Período: 20 años

Pago de intereses: mensualmente

Capital final: 59394.72 €

Depósitos totales: 24100€

Intereses totales: 35294.72€

Tasa de interés total: 146.45%

Link de calculadora de interés compuesto: https://www.calcuvio.com/interes-compuesto

2. Guardas los cambios-vueltos.

Aunque muy pocas personas tienen en cuenta éste detalle, nunca guardan los vueltos, porque considera que es muy poco, pero créeme que si guardas en una hucha, alcancía o cerdito, al final de mes, verás que puede representar hasta un 5 a 10% del ingreso. Es por eso que te recomiendo que comience a aplicar éste sencillo método y que se transforme en un hábito y que se pueda replicar a lo largo del tiempo y puede hacer una gran diferencia.

Todo lo ahorrado de los cambios-vueltos, puede destinar a engordar al 10% destinado para ahorros e incrementar el interés compuesto.

3. Participa del reto de las 52 semanas.

Éste reto consiste ahorrar durante 52 semanas, que es ni más ni menos que un año completo. El beneficio del mismo es que te ayuda a generar un hábito para que puedas seguirlo durante los próximos años, y que el dinero que logres reunir, puedas usar para viajes, pagos de seguros, o para invertir. Puedes hacerlo en una hucha, cerdito o cuenta bancaria.

Siempre ha sido difícil tener la constancia y disciplina de apartar un cierto monto y destinarlo para ahorros, porque estamos acostumbrados a recibir el sueldo, ya sea semanal, quincenal, mensual o por contrato y lo primero que hacemos es ir de compras, pagar las deudas, darnos los lujos con la excusa de "para eso trabajo". Así que voy a pasar a explicarte en que consiste el reto, que tuvo su origen en los EEUU.

El reto consiste en ahorrar, dependiendo de la moneda de tu país: en la semana 1, ahorro 1 €, en la semana 2, ahorro 2 €, en la semana 3, ahorro 3 €, en la semana 4, ahorro 4 €,..., y así hasta llegar a la semana 52, que sería, llegar al año, con un total de 1.378€.

En el siguiente cuadro podrás observar detalladamente.

Semana	Ahorro	Semana	Ahorro	Semana	Ahorro	Semana	Ahorro	
1	1 €	14	14 €	27	27 €	40	40 €	
2	2 €	15	15 €	28	28 €	41	41 €	
3	3 €	16	16 €	29	29 €	42	42 €	
4	4 €	17	17 €	30	30 €	43	43 €	
5	5 €	18	18 €	31	31 €	44	44 €	
6	6 €	19	19 €	32	32 €	45	45 €	
7	7 €	20	20 €	33	33 €	46	46 €	
8	8 €	21	21 €	34	34 €	47	47 €	
9	9 €	22	22 €	35	35 €	48	48 €	
10	10 €	23	23 €	36	36 €	49	49 €	
11	11 €	24	24 €	37	37 €	50	50 €	
12	12 €	25	25 €	38	38 €	51	51 €	
13	13 €	26	26 €	39	39 €	52	52 €	
Total	91 €		260 €		429 €		598 €	1.378 €

De ésta manera, no necesitas hacer grandes esfuerzos o aportaciones y podrás llegar a tus metas de manera más sencilla y gradual.

También, dependiendo de tu capacidad de ahorros, puedes comenzar con 2€, con 5€ y vas semana a semana, realizando el aporte, generando el hábito y disciplina.

En ésta tabla, podrás observar cuanto podría ahorrar si comienzas con 5 € semana tras semana.

Semana	Ahorro	Semana	Ahorro	Semana	Ahorro	Semana	Ahorro
1	5 €	14	65 €	27	130 €	40	255 €
2	10 €	15	70 €	28	140 €	41	260 €
3	15 €	16	75 €	29	150 €	42	265 €
4	20 €	17	80 €	30	160 €	43	270 €
5	25 €	18	85 €	31	170 €	44	275 €
6	30 €	19	90 €	32	180 €	45	280 €
7	35 €	20	95 €	33	190 €	46	285 €
8	40 €	21	100 €	34	200 €	47	290 €
9	45 €	22	105 €	35	210 €	48	295 €
10	50 €	23	110 €	36	220 €	49	300 €
11	55 €	24	115 €	37	230 €	50	305 €
12	60 €	25	120 €	38	240 €	51	310 €
13	65 €	26	125 €	39	250 €	52	315 €
Total	455 €		1.235 €		2.470 €		3.705 € 7.865 €

Entonces si tu capacidad de ahorros, es mayor y comienzas con 5€, al finalizar el año, habrás acumulado **7.865 €.**

Este reto podrás ir repitiendo año tras año, podrás ir incrementando, pero siempre ten en cuenta que sea un monto que puedas cumplir, ya que las últimas semanas, deberas hacer un gran esfuerzo para cumplirlo.

Algunos realizan el reto de forma inversa, es decir que en la semana 1, comienzan con el mayor aporte y van disminuyendo, conforme van pasando las semanas. El lado positivo, sería que llegarás al final del reto, sin hacer esfuerzos. Y la tercera opción, es hacerlo de forma aleatoria, para ello tendrás que hacer una planilla y vas registrando o tachando la semana que has cumplido. Lo bueno de hacerlo de ésta forma es que si hay semanas que estás más ajustado con el dinero, podrás realizar el aporte de la semana de menor monto y no interrumpís el reto. Ahora que ya lo sabes, ¡Manos a la obra!

4. Usa el método kakebo.

Éste método ideado por una mujer japonesa, tiene como propósito cumplir tus metas de ahorrar siguiendo una sencilla estructura.

Permite administrar tus ingresos por medio de una libreta de ahorro, es una herramienta que además de controlar gastos, permite planear cuanto se va a gastar a futuro. Sirve para establecer metas financieras y gastar de manera mucho más prudente, saber en qué estás gastando, cuales son gastos que podrás reducir, cambiar. Aquí se van anotando las ganancias personales, los gastos fijos y variables,

¿Cómo funciona?

Al iniciar cada mes, debes sentarte a pensar qué cantidad de dinero dispones para gastar, proyectar cuanto quieres ahorrar y lo que necesitas para logar esas metas. Entonces, cada día vas registrando tus gastos y al final de cada semana observas cómo se van alineando esos gastos e ingresos con tus metas propuestas de ahorro.

Puntos importantes a tener en cuenta:

1. Ingresos: debes registrar la cantidad exacta que ingresa a tu cuenta bancaria por el pago de tu salario.
2. Gastos fijos: en ésta sección debes registrar pago de luz, agua, gas, hipoteca, seguros y otros gastos que a veces no se tienen en cuanta, como suscripciones a servicios de cables, Netflix, internet, etc.

1. Ahorros: Debes establecer una cantidad aproximada de cuanto quieres ahorrar, o un porcentaje, que puede ser 5%, 10% o lo que te permita tu economía.
2. Cantidad que puedes gastar: aquí debes restar la cantidad que quieres ahorrar a la suma total de dinero que tienes para gastar, de esta manera podrás hacer un presupuesto que se adapte a tus necesidades y objetivos de ahorros.

En la sección de gastos está dividido en 4 categorías.

✓ Supervivencia: aquí registras, comida, hogar, gastos escolares, transportes, y todo lo relacionado.

✓ Gastos opcionales: aquí registras salidas de shopping, salidas a restaurantes, etc.

✓ Gastos culturas: aquí registras el dinero que tienes destinado a salidas a cine, teatro, compra de libros, visita a museos, etc.

✓ Gastos extras: aquí registras la suma de dinero que tienes destinado a regalos de cumpleaños, gastos inusuales que pueden llegar a surgir, gastos de emergencias.

De todos modos, puedes ir categorizando tus gastos, como quieras o más útil te sientas, lo importante es que sigas la estructura y que tenga coherencia, porque al fin y al cabo, es para tener un control de nuestros gastos. Esta práctica debe realizarse todos los días, por eso es importante tener constancia y disciplina, guardar los tiquetes de compras, recibos de pagos. Como toda actividad, al comienzo cuesta un poco, pero luego se vuelve un hábito y es mucho más placentero, sobre todo por la recompensa que uno obtiene al saber qué es lo que está haciendo con su dinero, saber dónde van a parar.

La agenda del método kakebo lo puedes adquirir en Amazon, mercado libre o alguna otra tienda y comienzas a aplicar éste método. ¡Manos a la obra!

1. Usa el método de T. Harv Eker.

T. Harv Eker es un empresario canadiense, que de ser millonario pasó a perderlo todo, luego creo éste método, ha escrito la obra, los secretos de la mente millonaria, es conferencista, orador motivacional.

Este método es sencillo y fácil de implementar porque funciona en base a porcentajes, es decir que siempre podrás aplicarlo, sin importar si tus ingresos suben o bajan, solo debes dividir tus ingresos en 6 partes, 6 sobres o alcancías.

1. **El 50% destina a necesidades básicas.** Con este dinero cubres tus necesidades como lo son: gastos de comida, casa, salud, transportes, pagos de deudas, pago de préstamos, etc, y lo gastas durante el mes, si te sobra un dinero, lo dedicas para las inversiones.

2. **Un 10% debe destinar a tus ahorros.** Este dinero debe ser reservado por si surge algún imprevisto, vas construyendo un fondo de seguridad, que si no se gasta, obviamente vas a ir incrementando. Luego puedes utilizar para comprar un auto, reparar la casa, etc.

3. **Un 10 % destinas a inversiones.** Este dinero va destinado a inversiones, que con el paso del tiempo te generan ingresos pasivos, puedes invertirlo en la compra de activos (auto y que trabaje de taxi), invertir en bolsa, desarrollar tu propio negocio, poner a trabajar el dinero para que te genere un ingreso pasivo, que te acerque a tus objetivos, tener libertad financiera. No debes gastarlo en ningún otro propósito.

1. **Un 10% destina para ocio-diversiones.** Éste dinero es fácil de gastar ya que es la parte de tus ingresos que solamente vas a gastar en cosas que más te gustan, como por ejemplo, ir a comer a un restaurante, ir a la playa, la montaña, realizar tu pasatiempo favorito, porque también hay que disfrutar y vivir. ¡Pero cuidado con no excederte de ese 10%!

1. **Un 10 % destina para educación.** Este dinero es para invertir en seguir aprendiendo, desarrollando tus conocimientos y nuevas habilidades, puedes comprar libros, cursos educativos, etc.

1. Un 10 % destina para donaciones. Y por último, con éste dinero puedes apoyar a una institución de caridad, comedores sociales, iglesia o regalos a amigos. Debe tener un fin benéfico, esta acción es buena para sentirse bien con uno mismo. Si no puedes donar dinero, puedes donar tu tiempo, ayudando a una comunidad en un voluntariado, todo lo bueno que hacemos en la vida, regresa a nosotros.

Éstas son las 6 maneras o métodos, que todos juntos suman un 100% de nuestros ingresos. Un punto importante de éste método es que puedes gastar solamente lo que ganas y evitar deudas que a la larga, puede costarnos muy caros, muchos dolores de cabeza, estrés, ansiedad, enfermedades producto de todo lo anteriormente mencionado. Ahora que ya lo sabes... ¡Manos a la obra!

1. Aplicar el método 50 30 20.

Éste método te permitirá ahorrar de manera fácil, sencilla y sin realizar tantos esfuerzos, porque está diseñado en base a porcentajes y no en montos fijos, lo cual permite adaptarse a tus ingresos, ya sean semanales, quincenales, mensuales o por finalizar un contrato.

El método fue ideado por una senadora de los EEUU y publicado en su libro.

Si al comienzo de año trazas una meta de comprar un auto, realizar un viaje, salir de deudas, mejorar tus finanzas y comenzar a invertir, te aseguro que éste sencillo método es para ti.

¿Cómo se aplica éste método?

Como ya pudiste ver, hay varias formas de ahorras, muchas veces no se cumplen, se interrumpen porque demanda mucha disciplina, esfuerzo, sacrificio, pero en éste caso, es bastante sencillo, ya que se divide solo en 3 categorías.

1. El 50% de dinero para necesidades básicas.

Sabiendo que la mayor parte de los ingresos se gastan en comidas, hipotecas, alquileres, impuestos, servicios y transportes, se debe destinar ese 50% de los ingresos, ya que son fijos y puedes presupuestarlos.

1. El 30% de dinero para diversiones-ocios.

Después de tantas horas de esfuerzo, trabajos, debemos disfrutar para que la vida sea más placentera, y es por ello que debes destinar el 30% de tus ingresos para ir al cine, teatro, ir al shopping, comprar libros, hacer un viaje, etc, tiendo mucho cuidado porque a veces es tentador darse un poco más de permitidos que ese monto destinado.

1. El 20% para ahorros e inversión.

Y por último, éste porcentaje está destinado al ahorro, que si te administras bien, puedes destinar 10% para ahorrar y tener un colchón financiero o mantenerlo para la jubilación o inversión y que generen intereses para aumentar el capital y el otro 10% destinarlo comprar un vehículo, una casa o hasta unas vacaciones de ensueño.

✓ En el caso de sobrarte dinero, lo destinas para el mes siguiente y con eso, vas incrementando.

Como puedes observar, el método 50-30-20 es bastante sencillo de seguir, te ayudará a generar un control de gastos y autodisciplina en el manejo de tu dinero, ya que vas a saber que candidad de dinero vas a disponer para cada categorías, desde que cobras tu sueldo, porque uno de los errores frecuentes, es: bueno, me doy todos mis gustos y lo que me sobre, ahorro a fin de mes.

Ahora que ya lo sabes, ¡Manos a la obra!

1. Compras mayoristas cuando sea posible.

A veces no tenemos en cuenta los pequeños gastos extras por la diferencia en los precios, entre comprar en los kioscos del barrio o ir a los supermercados mayoristas y así obtener una mejor diferencia de precios a nuestro favor para ahorrar un poco más.

Es por ello que se sugiere realizar las compras de productos más habituales o de necesidades básicas, como alimentos, higiene personal y limpieza, teniendo en cuenta en no caer en el error de hacer compras compulsivas, comprar cosas por si algún día lo llego a necesitar, o porque está en oferta y a la larga terminas tirando productos porque ha llegado a la fecha de vencimiento.

Muchas personas no van a los mayoristas porque tiene la creencia de que debe comprar 50-60-70 productos, pero ahora ya no es así, ya que hay posibilidades de comprar menos cantidades de unidades por muy buenos precios.

1. Consolida y pagas deudas.

Existe la creencia de que la única manera de tener cosas materiales, es comprando todo a crédito lo que trae consigo es una larguísima lista de deudas que hace la vida más difícil, estresante. Los pagos de la deuda pueden consumirte un alto porcentaje de tu sueldo, todo o hasta a veces ocurre que ni te alcance a pagar todo y dejándote sin efectivo.

Además tener demasiadas deudas, puede ser un efecto negativo u obstáculo para construir un fondo de emergencias o tener una mejor calificación crediticia para obtener algún préstamo que sea realmente necesario o directamente vivir sin créditos, obteniendo así una economía más organizada y estable.

Entonces te sugiero que si quieres deshacerte de deudas y comenzar a seguir un plan para ahorrar dinero, te dijo unas maneras de hacerlo.

✓ Paga más del mínimo de la deuda. Eso hará que no se te sumen nuevos intereses al siguiente mes y evitar un efecto de bola de nieve, donde mes a mes se te agiganten las deudas y que luego sea realmente impagable.

✓ Hacer un inventario de deudas. Esto te permitirá ver los

porcentajes que representan de tu sueldo, podrías ordenarlos del porcentaje mayor a menor e in cancelando cuota a cuota.

✓ Consolidar las deudas. Si tu ingreso no es suficiente para cancelar todas tus deudas, que mes a mes suman nuevos intereses haciendo que sea imposible pagarlos, una opción es sacar un crédito para ese fin, que tienen menos intereses y que quedes pagando solo esa deuda, haciendo que sea un alivio para la economía.

✓ Crear un fondo de emergencia. Una vez canceladas todas las deudas, es necesario construir un fondo para no volver a caer en los malos hábitos de pagar a crédito, porque ya tendremos un dinero para cualquier eventualidad que pudiera llegar a ocurrir.

1. Evita las compras impulsivas.

Realizar compras por antojos, deseos, en general no traen buenos resultados en el largo plazo. Es por ello que antes de salir a comprar, es necesario hacer una lista de lo que realmente se necesita para no caer en la tentación de comprar lo que veo, o me gusta, o tiene una oferta irresistible.

Si tienes niños, una opción sería salir a comprar sin ellos o de lo contrario, hacer una lista con imágenes y hacerlos participar en la compra, donde se encarguen de buscar en las góndolas, los productos que figuran en la lista. De esa manera se mantendrán ocupados, evitaran comprar cualquier juguete que vean, te ayudan con la compra y te hacen ahorrar dinero.

Varias investigaciones demuestran que no es buena idea salir a comprar con hambre, por lo que es recomendable comer algo, antes de salir al centro comercial, shopping, etc. Tener hambre hace que uno compre más comida, el cerebro piensa, ¡lo quiero!

Sea lo que sea. Pero el tema es que no solo compramos comidas, sino que podemos llegar a comprar hasta un 60% de lo previsto en productos que no tienen que ver con la alimentación y que no necesitas, porque el cerebro entiende que quiere comprar.

Entonces para evitar compras compulsivas, debes salir de compras, con el estómago lleno. ¡Tú billetera te lo va a agradecer!

1. Has un presupuesto personal.

Tener un presupuesto personal te ayudará a manejar tus finanzas de manera más eficiente, evitar gastar más de la cuenta, ver números rojos y podrás ahorrar mucho mejor.

Un presupuesto es un plan que registra todos los ingresos personales destinados a gastos y ahorros dentro de un determinado plazo de tiempo, que por lo general suelen ser de 1 mes y tienen por objetivo, planificar el dinero con mayor disciplina y control de deudas.

Los beneficios que brindar son:

✓ Aumentar disciplina financiera.

✓ Aprendes a priorizar y ajustar los gastos conforme a tus ingresos.

✓ Eliminar gastos innecesarios.

✓ Podrás reducir o eliminar deudas.

✓ Ver en que se te va todo tu dinero.

✓ Te ayuda a alcanzar tus metas de ahorro e inversión.

Viendo la importancia de elaborar tu presupuesto, no esperes más. ¡Manos a la obra!

1. Fija un monto de ahorro mensual.

Muchas veces hemos escuchado o leído que hay que ahorrar para el futuro, pero también nos viene la pregunta, del cómo hacerlo en tiempos donde la economía se ha vuelto un poco inestable, problemas climáticos, etc, que afectan el normal transcurrir de las finanzas tanto personales como la de un país.

Pero es siempre aconsejable fijar un ahorro mensual, destinando un 10%del sueldo o ingreso que recibimos y guardar esa plata a principio de mes y nunca al final, porque seguramente con el transcurrir de los días, vana a surgir gastos de última hora o imprevistos, se gasta el dinero y no se podrá ahorrar. En el caso de que 10% es mucho, entonces comienzas con 5% o lo que puedas, vas cancelando deudas y subiendo el porcentaje de ahorros.

Fijar un monto de ahorro es muy importante, porque quien lo hace es porque tiene sueños que cumplir, una meta, tiene un propósito. Tener un ahorro puede ser un salvavidas en épocas un poco complejas, por otro lado y muy importante puede ser la llave mágica para mejorar la calidad de vida y hacer realidad nuestros sueños.

1. Ponte objetivos.

Esto es muy importante porque es el primer paso para comenzar a ahorrar, es la ruta a seguir para cumplir todas tus metas planificadas y tiene un gran impacto en lo emocional, por lo que va a significar cuando lo consigas, es decir será la mayor motivación para lograrlas y será determinante para que adoptes un hábito del ahorro, tengas disciplina para mantenerlo en el tiempo, las personas que tienen objetivos ahorran más rápido y más cantidad que las personas que no las tienen.

Saber cuánto dinero quiero o debo ahorrar para lograr esa meta también es muy importante, poner un nombre a esa meta, escribirlo en un lugar donde lo pueda ver y recordarlo y sobre todo, imaginarse en ese lugar, eso hará creer al subconsciente de que es real y será mucho más fácil poder realizar el ahorro. La meta debe estar escrita en tiempo presente, debes leerla periódicamente y sentirlo como si ya lo tuvieras o ya lo conseguiste para impregnarlo en tu cerebro.

También compartir tus metas, te hará sentir más compromiso poder llevarlas a cabo, hay que tener en claro a quienes contamos, porque debe ser a personas de confianza, ya sea un amigo/a o familiar y para recibir el apoyo, que eso también suma.

Los objetivos pueden ser a corto, mediano o largo plazo. Si es a mediano o largo plazo, es importante diseñar pequeños o micro objetivos durante ese lapso de tiempo, para mantener la motivación y no quedarse en el intento.

13. Lleva tus comidas al trabajo.

A veces por cuestiones de tiempo, de distancias o de comodidad muchas personas destinan gran parte de su sueldo, en comidas encargadas a los delibery. La comida es realmente importante, ya sea por el costo sino también porque es una oportunidad para hacer un ahorro, que si lo tenemos en cuenta a largo plazo puede ser un importe muy interesante.

También realizar una buena alimentación, saludable, balanceada puede ahorrar muchas medicinas, vas a aumentar tus energías, tu rendimiento laboral, tu desempeño a lo largo del día, ya que al tener energías, podrás realizar actividades deportivas, lo que genera mejor estado de ánimo, mejor salud, mejor calidad de vida, al día siguiente te levantas motivado, con energías, y se vuelve una rueda que es importante que no nunca se pare.

Si no eres creativo para planificar las comidas, puedes buscar en internet, páginas gratuitas o blogs donde enseñan a realizar platos deliciosos y variados, de paso podrás aprender algo más sobre los alimentos, sobre nutrición. Si planificas tus compras los fines de semanas, podrás usar algunos ingredientes en varios platos, y de esa manera es donde comienza el ahorro.

Puedes llevar frutas frescas para hacer colaciones cada 3 hs, llevar mix de frutos secos, que además de ser muy nutritivos y fuentes de energías, hace que el sistema digestivo permanezca activo, no llegues a la hora de la comida con ataques de apetito y comas en exceso. Ojo con comer donas, papas fritas, galletas dulces, productos con harinas, porque no son saludables y puedes llevar a subir algunos kilitos por el exceso de calorías.

Lleva siempre tu botella de agua y evita consumir refrescos, que nos juegan una mala pasada a la hora de querer ahorrar y no son saludables. Es un ganar -ganar.

1. Control de uso de tarjetas de crédito.

La tarjeta de crédito es una gran herramienta, pero si no te controlas y llevas un registro, puede ser una herramienta muy difícil de manejar y conducirte a una gran deuda. Las tarjetas de créditos ofrecen líneas de financiamientos, mientras que pagues lo mínimo (no pagas más intereses por la deuda), podrás seguir usando en mes siguiente y es por eso que si no te controlas, pueden ser una mala herramienta, es recomendable siempre, pagar la totalidad.

Los ciclos de facturación son mensuales y se definen por fechas de cierres, el monto máximo de financiamiento lo estable el banco de acuerdo a tus ingresos y tu historial crediticio. Si la fecha de cierre es el 10 de cada mes, quiere decir que las compras que realices del 10 de por ejemplo, Abril al 10 de mayo, entrarán en un ciclo de facturación, lo que compres el 11 de mayo, ya ingresa al siguiente ciclo. Los bancos otorgan entre 10 a 15 días después de la fecha de corte para realizar el pago correspondiente, es decir el vencimiento. Es importante ver estos ciclos para controlar tus gastos y no endeudarte más de lo que podes pagar en el mes siguiente.

Las tarjetas de créditos sirven principalmente como un método de pago, en establecimientos como tiendas, supermercados, gasolineras, farmacias, hoteles, tiendas online, etc, sin la necesidad de usar efectivos, y lo importante es que puedes aprovechar ofertas y promociones en compras a cuotas y sin interés, sin sobrepasar el límite de crédito mensual y definir el pago en varios meses.

Debes realizar un control del producto y no gastar más de lo que tus ingresos te lo permiten, ante esto es necesario realizar una planificación para saber hasta cuándo se puede disponer de la tarjeta sin poner en riegos las finanzas personales. Compra siempre solo lo necesario y si es posible, no compres el primer día que veas un producto, dejas pasar un par de días, para no hacer compras emocionales, y si después de haber pasado esos días, el interés sigue, entonces puede ser que si sea necesaria la compra.

Capítulo 3:
Tres tipos de ahorros

1. Ahorro para fines de emergencias.

Un fondo de emergencia es un ahorro que se crea con el objetivo específico de cubrir o compensar el gasto de una situación imprevista, es una cantidad de dinero que se reserva en forma de ahorro formal (cuentas bancarias y afines) o en ahorro informal (cerdito, placar, traje viejo, etc.) y que tienen fácil acceso pero al que solo se recurre en caso de urgente necesidad. Crear un fondo de emergencias es más simple de lo que las personas se imaginan, ya que solo requiere un poco de dedicación y disciplina. Voy a contarte las cinco razones de porqué es importante contar con uno y como hacerlo.

1. Tranquilidad: de acuerdo a una encuesta de la asociación americana de Psicología, para el 64% de los adultos el dinero y las preocupaciones financieras representan una fuente de estrés. Se advierte que una mala salud financiera puede conllevar problemas de salud mental, física, pérdida de bienes por embargos, o hasta la separación de parejas.
2. Protege a las personas de tomar malas decisiones. Por ejemplo, que por la urgencia de dinero, saca préstamos con elevadas tasas de interés, se endeuden y que resulte muy difíciles de afrontarlos porque no cuentan con un colchón financiera para esas emergencias que siempre aparecen.
3. Permite acceder a cumplir con otras metas financieras. Como por ejemplo la inversión en un negocio propio, emprender

algo, comprar un departamento, cambiar de auto o realizar un el viaje para el cual se hizo el ahorro.

1. Al ser dinero para emergencias, debe tener liquidez inmediata. Pero debe estar separado de la cuenta en la cual dispones de tu dinero para gastos diarios, como por ejemplo, la cuenta donde recibe el pago de salarios o trabajos terminados. Idealmente debería generar rendimientos, sin sacrificar la liquidez, por lo que no se recomienda optar por productos como el plazo fijo, ya que te penalizan por sacar el dinero antes del plazo acordado.

2. Y por último, no se debe olvidar que, si se tiene que hacer uso del fondo de emergencias, se debe establecer una nueva meta financiera: ahorrar para re establecerlo en la medida de las posibilidades de cada uno. De manera tal que siempre esté ahí, completo y listo, para cuando se necesite.

¿De cuánto debe ser el fondo de emergencias?

Esto va a depender mucho de cada persona en particular, sin embargo, todos los expertos coinciden que entre tres y seis meses de gastos (no de ingreso, sino del dinero que se gasta en promedio). Es decir, implica mantener el mismo nivel de vida durante ese periodo de tiempo.

Por eso es muy importante llevar un registro de gastos, divididos en categorías. Gastos fijos, que son aquellos que hay afrontar todos los meses como los gastos de la casa, seguros, impuestos, etc, y los gastos variables, que son aquellos cuyo coste puede alterarse, como los gastos de ocio, actividades recreativas o pasatiempos, alimentación o gastos médicos. El fondo debe revisarse anualmente, para adaptarlos a las necesidades económicas que no son estáticas.

Es prioritario que el dinero esté fácilmente disponible, una opción es elegir productos financieros sin riesgos, que garanticen que el capital permanezca fijo. Algunas opciones pueden ser las cajas de ahorros, cuentas corrientes ya que prácticamente su riesgos es cero, cuentas como fondos comunes de inversión o renta fija a corto plazo.

1. Ahorro para invertir.

A lo largo de la vida, los seres humanos realizan grandes esfuerzos y sacrificios, por lo que solo ahorrar, dependiendo del perfil de cada persona, solo ahorrar hace que vaya perdiendo poder adquisitivo, producto de la inflación. Entonces hacer un ahorro para invertir en productos que aporten beneficios, puede hacer la diferencia y lo acerque un paso más hacia sus objetivos. Invirtiendo es como se logra hacer crecer el capital. Porque la rentabilidad que podemos obtener sobre ese dinero, a lo largo del tiempo, permite un crecimiento exponencial de cara a un mejor futuro.

Algunos motivos de porque invertir:

✓ **Obtener una rentabilidad.** Es el objetivo primordial, es concretar una meta financiera que cada uno se pone y que se alcanzará antes o después en función del tipo de inversión y del comportamiento de los mercados. El dinero parado no aporta nada, por lo que moviendo el capital sabiendo elegir los productos adecuados y acertados, es posible obtener rentabilidad y ver como el capital ahora es mayor al inicialmente invertido. Para que eso ocurra es necesario tener conocimientos, tener educación financiera, que lo podes hacer tomando cursos gratuitos o mucho mejor, cursos pagos de academias confiables.

Ya con el conocimiento adecuado, podrás tomar tus decisiones y asumir riesgos que hagan que el beneficio sea mayor o contar siempre con el apoyo de profesionales y especialistas en el tema. Es importante hacer un test de inversor, para saber qué perfil es el tuyo porque al no saber, no tener los conocimientos necesarios, es probable que pierdas el dinero que has logrado reunir con bastante o mucho esfuerzo y esa no es la idea, sino obtener una rentabilidad, que aunque sea pequeña, nos permita revalorizarnos y seguir el proceso hacía nuestras metas.

✓ **Pensar en el futuro.** Hay que saber que las inversiones de hoy, tendrán sus frutos mañana, y lo que hace realmente interesante es el incierto y desconocido futuro, hace que tenga sentido pensar en él con cierta previsión. Invertir puede ser una forma de mejorar el futuro que vendrá, un modo de poder financiar la jubilación o complementar, ya que algunos gurú financiero advierten que el sistema de pensiones entendido como hasta ahora puede estar en peligro debido a la baja natalidad, el aumento de la edad esperanza de vida y la cantidad de personas que no realizan aportes directamente. Lo que sabemos es que el tiempo pasa, no se detiene y es muy importante pensar en el horizonte temporal a la hora de seleccionar el tipo de inversión.

✓ **Ante las adversidades.** Si no tienes un fondo de emergencia, las inversiones puede ser un recurso importante para afrontar cualquier adversidad que se presente de manera inesperada para cubrir las necesidades surgidas.

A lo largo de la historia se han registrado crisis, desastres naturales u otros sucesos naturales que han provocado grandes pérdidas, que han sobrepasado nuestros sueños y proyectos, con ello se esfumaron las ganas de seguir creciendo y mejorando, es por eso que es muy importante contar con ciertos montos para poder protegerse y que la vida de la familia no se vea tan golpeada.

Creer y confiar es la clave, el motor que nos impulsan a crear nuestras prácticas financieras sanas y benéficas, hacer del ahorro un hábito, nos exige constancia, disciplina y un sólido planteamiento de nuestros objetivos financieros, desde lo imaginables hasta los inimaginables, para no dejar nada al azar y que impacte en la concreción de nuestros objetivos o que interruempan o distraigan.

1. Ahorro con propósito fijo.

Hacer un ahorro con propósito es la clave para tener unas finanzas sanas. Las expectativas de vidas se han extendiendo conforme pasa el tiempo y uno de los propósitos podría ser, vivir la última etapa de vida, sin pasar sobresaltos, tener una vida relajada, prolija y feliz, disfrutar de la familia, el tiempo y es por eso que debe ser muy importante planear el futuro con metas, objetivos específicos para poder concretarlos. Debemos preguntarnos. ¿Cuál es mi sueño? ¿Qué quiero logar? ¿Cómo quiero vivir la última etapa de mi vida? Y plantearnos un tiempo límite, establecer cuáles son los retos a los que nos podríamos llegar a enfrentar y como superarlos.

¿Te imaginas lo lindo que sería alcanzar la pensión con bastante dinero guardado para viajar, estudiar, montar un negocio propio, vivir sin apuros financieros, que tanta tranquilidad Brinda? Debemos tener una visión clara de lo que deseamos para nuestra vida personal, planificar una línea de vida propia con un inicio y los años que tenemos a la fecha y un final, con los años que consideremos que podemos vivir ayuda a plantear, visibilizar y aclarar las metas a futuros que queremos alcanzar y destinarle un propósito más específico a nuestros ahorros.

Es muy importante fijar el monto a destinar al ahorro, y no dejar para final de mes, porque siempre van a aparecer imprevistos, algún gasto inusual, o solo por darnos un gusto y eso hará que se gaste el dinero y que con ello, se esfume el dinero que tenia inicialmente destinado para el ahorro.

Es por eso que tener un propósito fijo, de lo que queremos e imaginamos lograr, nos va a movilizar a ahorrar inmediatamente después de recibir el sueldo, el pago, apartar el porcentaje que hemos detallado. Somos los capitanes de nuestros destinos, debemos hacernos cargos, porque nadie más lo va a hacer por nosotros, ni el gobierno, ni los vecinos, ni la familia. Así que debes ser consciente y darlo todo para lograrlo.

Capítulo 4:
¿Cómo administrar el dinero si eres joven?

Lecciones financieras más importantes.

1. Saber de dónde viene el dinero.

No es fácil manejar dinero, si no saben administrarse, estoy seguro que se puede escurrir como agua entre los dedos. Muchos jóvenes no tienen educación financiera y no saben qué hacer con el dinero, tienden a gastar todo lo que les sobra, en bares, discotecas, bebidas, etc, por eso es muy importante construir desde temprana edad, hábitos y disciplinas que duren toda la vida, que de seguro a la larga van a estar muy agradecido.

En algunos casos se dan donde los padres dan todo y hasta más de lo que necesitan, al no saber lo que cuesta conseguirlo, no le dan el verdadero valor que tiene el dinero y así como lo reciben, lo gastan todo. También pasa lo mismo con los que recién comienzan a cobrar su sueldo.

Debes realizar un presupuesto, un control de gastos para saber en qué me gasté el dinero, para no quedarse sin nada a los pocos días de haberlo recibido.

Y los que tienen un solo empleo o ingreso, si solo les alcanza para lo justo, deberá buscar otro empleo a fin de obtener un ingreso extras, comenzar algún emprendimiento o dejar algunos estilos de vida que podrían estar consumiendo un porcentaje importante.

1. **Entender las ventajas de ahorrar.**

Comprender las ventajas de ahorrar desde temprana edad puede hacer la gran diferencia, porque pueden aumentar muchos ahorros a lo largo del tiempo apalancándose en el interés compuesto o en ir acumulando activos ya que la volatilidad del mercado puede tener un impacto en el dinero. Haciendo aportaciones periódicas podrás obtener pequeñas rentabilidades que a largo plazo puede ser de vital importancia.

Es muy importante la educación financiera, ya que muy pocas veces se les presta el verdadero interés que se les debería dar, eso a la larga puede costarnos muy caro. Es por eso que hay que considerar al ahorro con suma importante porque puedes ir aprendiendo e invirtiendo en activos que se adapten a nuestros perfiles.

En ocasiones se cometen errores como: no comenzar a construir un fondo de emergencias, acumular deudas en las tarjetas de créditos, comprar un auto y quedarse sin dinero, con deudas, porque los autos generan gastos constantemente (mecánico, gasolina, patente, seguros) o compararse con los demás, etc.

1. **Dar seguimiento a los gastos y mantenerse dentro del presupuesto.**

Siendo joven es muy importante comenzar a construir el hábito de confeccionar e ir revisando el presupuesto, dar un seguimiento detallado de todo los ingresos y egresos, revisar si hay gastos que puedan ser considerado innecesario, que se puede reducir, que se puede mejorar, ir mejorando las finanzas personales, que es lo que en realidad importa.

Hay que tener en cuenta algunos aspectos:

✓ Con lo que gano, ¿me alcanza para cubrir mis gastos?

✓ ¿me sobra dinero para ahorrar e invertir?

✓ ¿necesito adecuar o reducir gastos? ¿Qué gastos podemos reducir fácilmente?

✓ ¿puedo obtener otro ingreso para mejorar mi capacidad de ahorro e inversión?

Manejarse dentro del presupuesto hará que cada vez estés más cerca del o los objetivos.

1. Pensar a largo plazo.

El tiempo siempre es un buen aliado cuando se trata de pensar a ahorrar para invertir a largo plazo. Aunque cuando uno es joven, tomar decisiones a largo plazo no suele ser nuestra prioridad en la mayoría de las veces. El vivir el presente suele imponerse porque a veces damos prioridad a nuestros objetivos más inmediatos y dejamos de lado las necesidades financieras que vamos a tener dentro de algunos años, como puede ser cuando llegue el retiro. Está el clásico me preocupo pero no me ocupo, suele ser el mantra que se sigue cuando se refiere a planear el futuro.

Saber cuánto tiempo vamos a vivir y cuánto tiempo vamos a vivir como jubilados, es algo difícil de responder, porque no tenemos comprada la vida. Pero si es muy probable que muchos lleguemos a vivir 90 a 100 años porque la esperanza de vida se va extendiendo y eso conlleva a que tendremos jubilaciones más largas, se va a gastar más, tal vez podamos contar con menos recursos públicos y por eso será necesario contar con un respaldo económico propio.

En un contexto de inflación, solo ahorrar, con el paso del tiempo perderás poder adquisitivo, por lo que debes invertir en activos que generen alguna rentabilidad, que se adapten a tu horizonte temporal y de los objetivos, y que por lo menos los intereses generados equipare a la inflación, y que con el interés compuesto, si comienzas a invertir desde temprana edad, vas a obtener una suma de dinero muy importante.

Cuando antes comiences, el esfuerzo será menor y mayor serán las rentabilidades.

Capítulo 5:
Qué hacer con mi dinero

1. Crea una cuenta de ahorros.

Tener éste tipo de cuenta, no solo te permite tener tu dinero en un lugar seguro y confiable, sino que te permite organizar y administrar mejor tus finanzas. Además no solo que podrás tener guardado, sino que también podrías sacar un pequeño % de intereses para al menos cubrirte de la inflación.

Este tipo de cuenta de ahorros ahorro es ideal para un perfil conservador ya que no representa mayores riesgos y no necesitas muchos conocimientos. Cada semana, quincena, mes o cuando recibas un pago, destinas ese porcentaje que tenéis planificado y eso te acercará a tus metas, puede ser la diferencia entre endeudarte o no, porque siempre ocurre algún imprevisto y debes estar preparado. Está en ti, dar el primer paso, abre una cuenta de ahorros y comienzas a disfrutar de una vida financiera más saludable.

Puede hacer uso del método al que Albert Einstein lo llamó la fuerza más poderosa del universo: "EL interés compuesto"

1. Invertir en crowdfunding.

Se trata de una de las fórmulas más recientes en el mundo de la inversión, es una cooperación colectiva donde cientos de personas realizan aportes con la finalidad de apoyar las ideas de otros. Es un mecanismo de colaboración de financiamiento de proyectos.

Podes invertir en acciones de empresas emergentes o start-ups que no cotizan en la bolsa ni en otros mercados, invertir en proyectos de construcción de edificios, barrios privados, proyectos de emprendimientos, negocios. Vale aclarar que te puede generar grandes beneficios, pero si el proyecto sale mal, puede acabar sin dinero.

Existen diferentes plataformas a través de las cuales puedes comenzar a invertir. Queda bajo tu responsabilidad estudiar el proyecto, la zona, que tan viable puede ser, cuáles son sus objetivos, en cuando y en cuanto tiempo vas a recuperar tu inversión, etc. Recuerda: a mayor riesgo, mayor es la ganancia. Debes de conocer cuál es tu perfil de inversor. Conservador-moderado o agresivo.

1. Invertir en comenzar tu propio negocio.

Actualmente utilizar el ahorro o ahorrar para comenzar a invertir, se está volviendo más común y fácil de lo podríamos imaginar. Esto sucede por diversos factores, entre lo que puedo nombrar: que el dinero de un sueldo, no alcanza a cubrir las necesidades y otro es que cada vez hay menos personas que quieren tener un jefe, trabajar 30 años para un sistema, entonces buscan otras opciones y gracias a la tecnología, esto es más fácil de conseguirlo, alcanzar una estabilidad económica que te permita tener el estilo de vida que deseas.

Puedes encontrar información o ideas de lo que se te ocurra en el internet y comenzar a construir un sueño. Lo importante aquí es identificar algo que te guste, algo que se te dé más fácil, digámoslo de manera más natural y comienzas a trabajar en esa idea, comenzando con poco dinero, arriesgando poco, mientras vas aprendiendo.

Opciones de negocios.

Si te apasiona viajar, entonces puede elegir y especializarte en éste sector. Hay personas que con poco ahorro se han dedicado a viajar, conseguir seguidores, una comunidad, construir una marca, a quienes vende productos digitales, en algunos casos, escriben libros de viajes y luego los venden en su página, junto a otros productos, como ser: agendas, revistas de viajes, remeras, gorras, llaveros, y distintos suvenires.

Luego puedes construir una empresa de viajes, agencias de viajes. Etc.

Si te apasiona escribir. Entonces puedes crear info productos y distribuirlos en distintas plataformas en línea. Hay tantos temas o nichos en los que puedes especializarte: nichos de ficción, como novelas, cuentos, etc. Nichos de no ficción: como puede ser, alimentación, las dietas que ahora son tan populares, deportes, educación financiera, motivación, etc.

Crear páginas web y venderlos. Hay muchas empresas o personas que comienzan un emprendimiento, ya sea porque no tienen el conocimiento o no tienen el tiempo, entonces compran páginas y hasta puedes trabajar para ellos, a tiempo parcial para mantenimientos o actualizaciones.

Una opción, son las redes de mercadeo, aunque existen muchas que son estafas piramidales, hay otras que están reguladas, registradas en EEUU, aquí lo importante es que te van a cambiar la mentalidad, porque te vas rodear de personas inspiradoras, te van a enseñar educación financiera, el cuadrado del dinero, te van a recomendar muchos libros de mentalidad, de inspiración, de manejo del dinero. Podrás construir una red de contactos.

Otra opción es, estudiar y crear un producto para importarlos. Si eliges la opción correcta, basados en estudios, negociaciones de precios y diseños, puede ser una gran opción para comenzar tu emprendimiento. En páginas como Alibaba, puedes encontrar miles de empresas que se dedican a crear productos. Es importante estudiar a la competencia, ver que se vende, a veces es necesario vender lo que la gente está comprando y no lo que nos gusta a nosotros.

Si te gusta el deporte, entonces puedes estudiar sus diversas ramas. Físico culturismo, atletismo, alta montaña, y dedicarte a ese negocio, ya sea construyendo/alquilando un local, vender productos. Hay personas que viven de ser guías de montañas, gracias a las redes sociales, crecen rápidamente, venden productos que se necesitan para ese deporte.

Como puedes ver, hay tantas opciones, que ahora tu tarea es, buscar, descubrir que te gusta, que te apasiona y te dediques a eso, con el tiempo vas perfeccionando, a medida que obtienes nuevos conocimientos.

1. Fondos comunes de inversión.

Otra opción de inversión, si no tienes muchos conocimientos o tiempo para dedicarte, son los fondos comunes de inversión. Ahora te estás preguntando, ¿pero qué es eso y cómo funciona?

Los fondos comunes de inversión es una agente regulado para administrar bienes de terceros con la finalizad de obtener una rentabilidad. El patrimonio está formado por el aporte de muchas personas que tienen un mismo objetivo de rentabilidad y asumen el mismo riesgo, es decir que tienen el mismo perfil de inversor.

Todos los aportes ingresados a un fondo, son administrados por profesionales expertos y son invertidos en distintos instrumentos que pueden ser: plazo fijo, bonos, acciones. Es posible acceder a estos instrumentos gracias al aporte de muchas personas, cosa que sería más difícil hacerlo por cuenta propia, si no tiene suficiente capital o conocimiento y experiencias.

Cuando uno ingresa a un fondo o invierte (se suscribe), lo que está haciendo es comprar pequeñas partes de ese fondo, esa parte recibe el nombre de cuotaparte, los precios varían constantemente día tras día, de acuerdo a la fluctuación de los precios de los activos que forman parte de la cartera del fondo. En general tiene un rendimiento promedio a lo largo del tiempo, que te da una noción de lo que podrías llegar a ganar, pero ese porcentaje promedio no es seguro, porque puede variar, ya que el futuro es incierto.

Cada inversor puede invertir tantas veces como desee o puede, también puede elegir el perfil que mejor se adapte a cada uno. Es decir, si no me gusta arriesgar, solo quiero conservar el valor de mi dinero y en lo posible, ganar un pequeño porcentaje, eso quiere decir que el perfil es conservador y debes invertir en plazo fijo, bonos y otras opciones que forman la cartera.

Si ya quieres arriesgar un poquito más, tal vez tu perfil sea moderado, entonces elijes opciones donde inviertan en plazo fijo, opciones y algo de acciones. Y si ya te gusta arriesgar más para obtener mejores rendimientos, entonces tu perfil es de alto riesgo y estarías invirtiendo en acciones, tanto locales como de otros mercados.

¿Por qué invertir en un fondo?

✓ Porque en el caso de que necesites el dinero, puedes hacer el rescate, en 24, 48 o 72 hs, dependiendo del fondo y el instrumento en el que hayas invertido.

✓ Hay gran variedad de opciones para invertir.

✓ Podes invertir desde un monto muy pequeño. Cada fondo establece un mínimo.

✓ No necesitas conocimientos, ya que hay un grupo de expertos que se encargan de administrar tu dinero.

✓ Podes operar desde tu pc o celular, si el fondo cuenta con aplicación para celular.

✓ Está regulado en la CNV. (comisión nacional de valores), por lo que tu dinero está protegido.

1. Bonos.

Son valores de deudas emitidas por el estado (gobierno nacional, provincial o municipal) o por empresas privadas, con el fin de obtener dinero para financiar una obra, proyecto de inversión o hasta incluso, para afrontar otros compromisos de deuda, y que promete devolver el capital más los intereses en un plazo determinado. Éste instrumento de inversión es elegido por personas que tienen un perfil más conservador, quienes buscan un rendimiento seguro y a corto plazo, aunque también hay de mediano plazo.

Es un instrumento de renta fija, en el que el que emite, está comprometido a:

✓ Devolver el capital que recibió a través del bono en una fecha determinada.

✓ Pagar periódicamente los intereses establecidos hasta el vencimiento del bono.

✓ Cumplir con toda la obligación especificada en el bono.

El ente que emite la deuda, divide en porciones, que se llaman bonos, y se hacen estas divisiones para que los préstamos no sean tan grandes y muchas personas puedan colocar su dinero. Una vez que se emiten, los bonos se pueden comprar o vender en los mercados de valores, por lo que el inversor puede o no mantener el bono hasta el vencimiento.

Los bonos tienen tres partes específicas:

✓ El monto que indica el bono, es decir su valor nominal, el cual generalmente se encuentra denominado en múltiplos de 100 o 1000.

✓ El cupón representa la tasa de interés del bono.

✓ El plazo, que es el periodo de vigencia del bono.

Este instrumento es de renta fija debido a que, sin importar como le vaya a la empresa, estado, el inversor va a recibir al final del periodo, el interés fijo al cual se ha comprometido la empresa emisora.

Los bonos son inversiones para objetivos a corto o mediano plazo y para inversores que no quieren correr muchos riesgos que puedan representar pérdidas importantes, porque pueda necesitar el dinero en un corto plazo.

Para poder invertir en bonos, necesitas:

✓ Contar con un agente de negociación registrado ante la CNV (comisión nacional de valores) quien actuará como intermediario. Ese agente se conoce como BROKER.

✓ Tener información sobre entidades que ofrecen buenas tasas de retorno (TIR) para convertirse en dueño de bonos.

Ventajas de invertir en bonos:

✓ Rentabilidad. La cual se puede generar tanto por la compra-venta como por los intereses que se perciben.

✓ Liquidez. Debido a que es fácil y rápido entrar y salir del mercado.

✓ Seguridad. Debido a que los bonos permiten proteger los ahorros ante la volatilidad de la moneda, la inflación y tasas.

✓ Y porque no necesitas grandes sumas de dinero para poder invertir.

Siempre es muy importante, para poder invertir, por mínimo que sean los riesgos, hay que conocer todas las posibilidades y contar con el asesoramiento de profesionales, salvo que ya cuentes con suficientes conocimientos para hacerlo.

1. Acciones.

La acción es un instrumento más conocido y difundido de la bolsa, es una forma de inversión que permite a una persona ser partícipe en una empresa aportando su capital y obtener ganancias si la capitalización de la empresa sube, algunas empresas pagan dividendos entre sus accionistas. Los dividendos son el reparto de las ganancias en un determinado porcentaje, obteniendo el accionista, otra ganancia.

Invertir en acciones es una elección de miles de personas, pero es importante saber cómo hacerlo ya que son activos de alto riesgo y hasta pueden perder todo su capital, si la empresa va en quiebra o tiene grandes pérdidas y no logra recuperar su valor de mercado, es por eso que es el inversionista expone su dinero a los vaivenes del mercado.

Únicamente se obtiene ganancias, si el precio de las acciones sube y se venden los títulos, de lo contrario, no has ganado nada, solo tienes una potencial ganancia.

Ventajas de las acciones:

✓ Mediante la compra de acciones, el inversor se convierte en el propietario de la empresa.

✓ A largo plazo, las acciones si se revalorizan, permite a los accionistas obtener una ganancia y/o dividendos.

✓ El accionista tiene derecho a asistir a las asambleas y a participar de las decisiones que allí se toman en proporción a la cantidad de acciones que posea. Por lo general, cada acción es equivalente a un voto.

✓ Nunca se pierde más del monto que se invirtió originalmente al comprar las acciones.

Ahora, ¿Cómo se pueden comprar las acciones?

El inversor debe:

✓ Ser titular de una cuenta corriente.

✓ Contar con DNI y constancia de CUIL o SSN, dependiendo del país en el que te encuentres.

✓ Tener recibo de sueldo o constancia de monotributista.

✓ Tener una cuenta en un bróker, que esté registrado en la CNV.

El inversionista se puede conectar a internet y desde cualquier sitio puede ingresar a su cuenta y enviar órdenes de compras y/o ventas, siempre que el mercado esté abierto, podrías comercializar, de lo contrario, las ordenes ingresaría al día siguiente.

Por lo general, cada bróker requiere un monto mínimo para abrir una cuenta, luego puedes ir realizando aportes periódicos para incrementar el capital.

Comprar y vender acciones, es sencillo, lo difícil es saber el momento de comprar o venderlo, y esa es la tarea compleja, hay que tener experiencia, una estrategia y ganas de arriesgarse. Hay que conocerse, saber que tipo de perfil de inversionista tengo.

También definirse si serás un analista técnico, que se especializa en analizar gráficos o si serás analista fundamental, que se especializa en estudiar la empresa, números, proyectos, etc.

Siempre se recomienda estudiar, capacitarse, porque no solo influye tus conocimientos, sino lo emocional, y esa no es una tarea sencilla.

7. Criptomonedas

Tal vez ya has oído hablar de las criptomonedas, donde el más conocido de todos es el Bitcoin, es la moneda madre de todas las demás. Es un medio digital de intercambio, presentada en el año 2008, es decir que ya lleva más de una década, pero ha aumentado su fama, en los últimos años, donde ha sumado muchos inversores.

Las criptomonedas son un medio digital de intercambio, en cierta manera cumple la función de monedas, es totalmente digital, se basa n métodos criptográficos para asegurar sus transacciones financieras, controlar la creación de nuevas monedas y poder verificar las trasferencias de los activos. Uno de los puntos donde se hace fuerte es que es descentralizada, es decir que ningún gobierno, entidades bancarias pueden controlarlas, aunque se intenta poner restricciones, impuestos.

La tecnología donde corre Bitcoin, es la blockchain, y ya ha sumado muchas otras criptomonedas o alternativas, que fueron cobrando relevancia, interés y por ende, su valorización.

También quiero que quede claro, que si las acciones son de

altos riesgos, esto es aún mucho más riesgoso, por su alta volatilidad, puede haber caídas abruptas, y al no estar reguladas, puedes perder todo tu dinero de la noche a la mañana. Por eso, si te interesa, debes capacitarte, operar con conocimientos y con una estrategia definida, clara.

Se basa en una red de ordenadores descentralizados, repartidos por todo el mundo con copias de todas las transacciones que se han realizado. Las personas que trabajan en la creación de nuevas monedas se llaman mineros.

Un concepto importante es el de exchanges, que son empresas que te permiten cambiar monedas, como Euros, libras, dólares por Bitcoin, y meterte en el mundo de forma más sencilla. Tu dinero queda almacenados en los monederos o wallets, que son aplicaciones que te permiten ya sea guardarlos o realizar intercambios.

Cada criptomoneda tiene su propio algoritmo, con lo que se va gestionando la cantidad de nuevas unidades que se van creando y es por eso que cada criptomoneda tiene un máximo de unidades, por ejemplo, habrá un máximo de 21 millones de Bitcoin.

Existen otras monedas como Ethereum, Cardano, Tether, Luna, Polkador, etc.

Nuevamente repito, si te interesa éste mundo de las criptomonedas, debes capacitarte, aprender, ya hay muchos contenidos gratis en internet, así como también academias donde enseñan. Es tu trabajo, buscar la información.

1. Trading: futuros, acciones o forex.

Seguramente ya has escuchado hablar acerca del trading, que es una estafa, que el amigo de un amigo contó "x" cosas, la realidad es que el trading consiste en realizar compra-venta de activos que tienen mucha liquidez, para hacer la operación en cuestiones de segundos, esos activos pueden ser acciones, divisas (forex) y futuros. El objetivo es obtener un beneficio económico cuando la operación que hemos realizado, va a nuestro favor y cerramos, ya sea la venta o compra.

Tiene un carácter especulativo, donde estás sometido a los vaivenes del mercado. Son operaciones que pueden durar, segundos, minutos, horas o hasta días, dependiendo del perfil del especulador.

Tipos de trading:

✓ **Scalping.** La operación dura segundos, y se pueden realizar varias operaciones al día.

✓ **Day trading.** La operación puede durar minutos u horas, pero se debe cerrar en final del día.

✓ **Swin trading**. La operación puede quedar abierta hasta unos 10 días.

Hay un auge por esta actividad, gracias a la tecnología donde han aportado cientos de plataformas, donde únicamente necesitas acceso a internet, y por las tantas publicidades de que con poco dinero podes ser millonario, donde te muestran que en minutos ganan 10.000€, o hacer scalping en forex, con 200€ gané 600€, etc. Hay tantas personas que quieren hacer dinero fácil y gratis, otras tantas personas queriendo vender sus cursos.

La realidad es que la mayoría de las personas pierden todo su dinero, entre un 75% a 85%, incluso algunos afirman que el porcentaje es aún mayor. Es una actividad para nada sencilla, donde si quieres ingresar, debes tener conocimientos, exponer solo el dinero que estás dispuesto a perder y que eso no afecte a tu finanzas personales, debes manejar muy bien la parte emocional.

Que necesito para operar:

Lo primero es contar con un ordenador (preferentemente portátil) y conexión a internet y contratar un bróker que suministre la plataforma donde se harán las operaciones. Es muy importante que cuente con cotizaciones a tiempo real, gráficos de los activos que se quiere operar, posibilidad de gestionar los riesgos, y que sea una plataforma multimercados.

Sabiendo que es el trading, si te interesa o te genera curiosidad, es tu tarea, investigar si es para ti, y recuerda siempre, debes capacitarte para saber lo que estás haciendo y no regales tu dinero. Un dato, el mercado de acciones y futuros, están regulados, hay menos manipulación.

1. Otros:

✓ **Bienes raíces.**

Los bienes raíces son aquellos que por su naturaleza no se pueden mover, conocidos como inmuebles: terrenos, edificios y todo lo derivados de esto y estén fijados a la tierra. También los barcos, buques, etc., son considerados inmuebles, porque están en la superficie acuática y son inútiles fuera de la misma.

Los bienes raíces son considerados activos fijos, donde toda reforma y añadidos, hacen que se incrementen su valor.

Vale aclarar que las cotizaciones también están sujetas por las variaciones del mercado.

✓ **Invertir en oro.**

Otra opción es invertir en oro, plata y metales preciosos. Desde muchos años es conocido como activo de refugio de valor en tiempos de crisis, ya que estos tienen a ser más estables que otros activos. Además es codiciado por su seguridad. También hay que estudiar el precio, antes de comprar, ya que tiene sus subas y bajas, dependiendo del momento de compra, será más fácil no perder valor, porque tiene una estrecha relación con el dólar norteamericano. Si el dólar se devalúa, el precio de los metales, suben o viceversa.

También son metales que se usan en joyería, e industria electrónica, como semi conductores, etc, por lo que siempre tendrá demanda. Otra opción sería invertir en las empresas de minería, comprando sus acciones.

✓ **Comprar equipos tecnológicos para alquilar.**

La renta se está volviendo algo más usual, donde muchas veces se alquilan dispositivos tecnológicos para probar, en caso de cumplir las expectativas, se compran. Dentro del alquiler podemos encontrar, desde teléfonos, relojes inteligentes, automóviles, bicicletas, hogares, máquinas expendedoras, videojuegos, software, etc.

Es decir, te queda ver, analizar que posibilidades existen en tu zona, hacer un estudio de mercado y ver que opción es la más rentable y comenzar a invertir.

Reflexiones finales

Quiero compartir algunas reflexiones finales contigo y gracias por llegar hasta acá.

Escribí éste libro porque quiero que otros también pueda mejorar sus finanzas personas, mejorar la administración de su dinero y sobre todos, los gastos. A veces pensamos que aumentando trabajos o consiguiendo otro empleo, vamos a mejorar y salir de deudas, en general no es que necesites mas horas de trabajo, sino tener conocimientos, tener educación financier y espero que con éste libro de ayude, te motive a comenzar en éste mundo maravilloso, que es la finanzas personas.

En la escuela nos preparan para el mundo laboral, tener un empleo fijo, supuestamente seguro, trabajar hasta el día que tengas tu jubilación y ahí podrás disfrutar y no nos enseñan nada de educación financiera, de como administrar nuestra economía y que hay otras opciones laborales.

Resulta que llegas a la jubilación, con deudas, sin dinero y con pocas energías para disfrutar de la vida, ya que entregaste la parte más productive de tu vida, a un empleo que muchas veces ni te gusta. Estudios en EEUU reflejan que alrededor del 70% odian su trabajo, pero que lo hacen porque necesitan dinero. Entonces llega el momento de reflexion e interrogante: ¿tiene sentido vender tu vida 30 años, para luego terminar acabado? Siendo que no nos llevamos nada material, solo las experiencias vividas, la satisfacción de haber dejado algo, una huella, haber ayudado e influenciados en cientos de personas.

No nos enseñan nada de emprendimientos, ya que siempre se escucha que es muy arriesgado. Hay otro mundo aparte del empleo, que no digo si está bien o mal, pero debes hacer lo que realmente te gusta, algo que te apaciona. Si te apacionan los desafíos, supercar obstáculos, amas la incertudumbre, entonces puede ser que lo tuyo, sea el emprendimiento, las inversions.

Es por eso que te presento una avanico de oportunidades, donde podrás analizar y ver qué o cuales opciones se ajuntan más a tus deseos, tu perfil, personalidad.

Espero que desde hoy, tomes las riendas de tus finanzas, de tu vida y te deseo el mayor de los éxitos.

Acerca del autor

Horacio Pelozo es una persona emprendedora, que ha cometido errores finacieros que lo ha dejado con números rojos, desde entonces ha iniciado en el mundo de la educación financiera, yendo a seminarios, haciendo cursos con grandes mentores, leyendo libros de educación financiera, como el hombre más rico de Babilonia, Padre rico Padre pobre, Piense y hágase rico, secretos de la mente millonaria, entre otras grandes obras literarias. Tiene amplios conocimientos en inversiones conservadoras, como fondos comunes de inversión y plazo fijos, donde ha iniciado, continuando con inversión en bolsa y trading de futuros.

Recuerda de dejar un comentario, para seguir mejorando y crenciendo y tenerlo presente para el próximo libro que estará a la venta en poco tiempo. Puedes comunicarte a: horaciopelozo13@gmail.com para recibir notificaciones de novedades y/o del próximo libro.

Te deseo el mayor de los éxtios, muchas bendiciones.